Todos los libros de Linkgua Ediciones cuentan con modelos de Inteligencia Artificial entrenados por hispanistas. Pregúntale al chat de tu libro lo que desees acerca de la obra o su autor/a.

Para ebooks: Accede a nuestro modelo de IA a través de un enlace.

Para libros impresos: Escanea el código QR de la portada con tu dispositivo móvil.

Obtén análisis detallados de nuestros libros, resúmenes, respuestas a tus preguntas y accede a nuestras ediciones críticas generativas para una experiencia de lectura más enriquecedora.
La transparencia y el respeto hacia la autoría de las fuentes utilizadas son distintivos básicos de nuestro proyecto. Por ello, las respuestas ofrecen, mediante un sistema de citas, las fuentes con las que han sido elaboradas.

Agustín Pomposo Fernández

Las fazañas de Hidalgo, Quixote de nuevo cuño, facedor de tuertos, etc.

Barcelona 2025
Linkgua-ediciones.com

Créditos

Título original: Las fazañas de Hidalgo, Quixote de nuevo cuño, facedor de tuertos, etc.

e-mail: info@linkgua.com

Diseño de la colección: Michel Mallard.

ISBN rústica ilustrada: 978-84-9953-5876.
ISBN ebook: 978-84-9953-281-3.

Sumario

Créditos 4

Brevísima presentación 7

La vida 7

La política 7

Las fazañas de Hidalgo, Quixote de nuevo cuño 9

Personajes 10

Acto único 11

Libros a la carta 29

Brevísima presentación

La vida

Agustín Pomposo Fernández (Mérida, Yucatán, 1756-Ciudad de México, 1842). México.

La política

El autor de *Las fazañas de Hidalgo, Quixote de nuevo cuño, facedor de tuertos, etc.*, Agustín Pomposo, fue un reputado abogado mexicano. Tío y mentor de doña Leona Vicario (figura relevante en la independencia de México), Pomposo defendió a la corona española y satirizó a los líderes insurrectos. La independencia era entonces el asunto principal. La oratoria política fue un género literario en boga. En *Las fazañas de Hidalgo, Quixote de nuevo cuño* el discurso oral y la arenga se proponen seducir de inmediato sin recurrir al razonamiento minucioso sino a frases definitivas, proverbiales, eficaces de inmediato. El texto es crítico en extremo con Miguel Hidalgo, padre de la independencia mexicana.

Las fazañas de Hidalgo, Quixote de nuevo cuño

Personajes

Coronel Chepe Michiljuiyas
Pancha la Jorobadita
El gobernador de naturales
El justicia del pueblo

Acto único

Fazaña primera entre el coronel Chepe Michiljuiyas, Pancha la Jorobadita, el gobernador de Naturales, el justicia del pueblo.

Chepe	Hola, mujer, ven a tener el estribo para bajar de la mula, que vengo cansado; y desde ora has de hablar de señoría a tu marido. ¿Sabes quién soy?, el señor coronel don José Michiljuiyas.
Pancha	¡Jesús, mi vida, y qué breve has subido!. Bien me decías que en dos por tres sería cuanto quisieras.
Chepe	Ora sabrás que mañana seré selencia, pos sigún voy con lo garboso del selentísimo señor Hidalgo, puedo acostarme ora coronel y amanecer mañana general.
Pancha	¿Qué, mi vida, cardenal? Yo me vuelvo loca de gusto: ya me habían dicho que señor Hidalgo ha de hacer obispos; pero el perro del sacristán decía que encorosados, y encuernados.
Chepe	Ya pagará ése sus habladurías: general de ejército, te digo: ora sabrás lo breve que de soldado raso sube uno a general sirviendo al selentísimo.

Pancha — Mi alma, mi coronelito, ven, mi vida, ya tengo el estribo: toma este abrazo, y cuéntame ¿cómo en cinco días has sido tan afortunado?

Chepe — Pos toma ese peso, y el muchacho que lo traiga todo de aguardiente: quiero convidarte.

Pancha — ¡Caramba y cómo suena tu bolsa! ¿Dizque partábamos, tatita? Corre, muchacho, lleva el cántaro nuevo y avísale al tendero que ya tu padre es señor coronel.

Chepe — Esto es nada: solo traigo cincuenta pesos; pero luego que cojamos a México, mil talegas de doblones de oro me han prometido mis jefes

Pancha — ¡Cachafo! ¿Conque no hay duda, mi vidita, mi lucero del alba? ¿Conque yo soy su sía?

Chepe — ¿Pos qué duda? Y serás selentísima; pero guarda secreto, porque has de saber que ya no semos pobres: bendito sea el selentísimo Allende que me llevó con el selentísimo Hidalgo: este señor tan sabiondo que breve será pontificio y emperador, me desengañó de tantas mentiras con que los gachupines nos engañaban; pero cuidado, pos si cuentas lo que dije, te mato, te abro en canal como hacía con los toros en la carnicería, y te entierro en un joyo, y luego voy y me caso con una condesa; pero ya viene el cántaro: daca, Geromo, que dos días que no la he probado.

Pancha — Bebe, coronelito lindo, bebe que no veo la hora de que descanses. ¿Cómo había yo de contar tus secretos? Si supieras ¡qué gusto tengo de verte tan guapo, y qué ganas de bordarte de mi mano el uniforme de general!

Chepe — ¡Qué tal! Le bajé un cuartillo de un besito; prébalo Pancha, pero no te emboles, pos ora es menester que mientras duermo estés velando, no nos cojan redepente esos nemigos. ¿Y qué cenamos?

Pancha — Ahora frijolitos, tatita; si no me dejaste ni tlaco, y gracias a que empeñé mis naguas blancas.

Chepe — ¡Probecita! Pero en cogiendo a México... Pero eres mujer y son cosas de muncho secreto, cuéntame ¿qué dicen por acá?.

Pancha — La verdad, tengo miedo de que te cojan, porque dicen que Hidalgo es apóstata y usurpador de la potestad del rey; que ha robado la paz y la caridad, y no cumple ninguno de los mandamientos de la ley de Dios, que dice que solo va contra los gachupines, como si no fueran tan hijos de Dios como los demás, porque conoce que la gente ama la religión, y al rey, pero que luego sacará más las uñas, y acabará con todos, y primero con los pobres indios, que como más inocentes los engaña más, y los pone de carnaza para que los maten como chinches en la guerra; que sus manos consagradas chorrean sangre de sus ovejas y de sus hermanos, la cual pide venganza a Dios como la de Abel contra Caín; que ya la Virgen de los Remedios está en México, y es la generala que ha de entregar a la justicia a todos sus enemigos sin falta para que los maten; y que así lo dice un profeta que citó el padre cura el domingo en el púlpito; y el padre vicario leyó una cosa de la Santa Inquisición y, una excomunión que hizo temblar a todos.

Chepe — Acabarás, boba; ríete de todo eso; mentiras, mentiras: daca las tortillas, y los frijoles, que mañana he de cenar perdices.

Pancha — Come, tatita; no me hagas caso, ¡como soy tan miedosa!

Chepe — Sabes, en cogiendo a México...

Pancha — Si dicen que la Virgen de los Remedios vio a su Hijo enojado, que disparó rayos sobre los mexicanos y la Señora los envió a su santuario; que fue a escoger en España un general como de su mano para defender al reino; un señor Venegas que ni duerme por cumplir con la virgen y con el rey y con los mexicanos, a los que quiere mucho por leales, y obedientes, y dicen que la virgen que todo lo sabía lo trajo volando en treinta y nueve días para que subiera a México sobre las estrellas, porque Jesucristo no sufre que ultrajen a su Madre Santísima.

Chepe — Calla, bobona; mañana soy general; tú no sabes cuántos monteros fulleros, y otros muchotes valientes, tiene señor Hidalgo en la suidá; pero estoy pensando que me haga virrey del Pirú, pues aquí todos los del pueblo contarán que yo era carnicero, y allá diré que soy hijo del duque de Suna. Como no he dormido tres días ya no aguanto de sueño; no te digo más sino que han de ver escribidas con letras de molde las fazañas de mi general, y también verán las mías imprimidas.

Pancha — ¡Jesús, mi vida! ¡Y cómo me divertiré yo con leerlas! Toma otro traguito; ¿qué, no te desnudo?

Chepe	Eso no se puede ora.
Pancha	Pues acuéstate... ahora es cuando... ya ronca; voy a hacer la seña; el herejote no sabe que primero me freirán que deje yo de ser cristiana y devota de María Santísima. Dios se lo pague a mi ama la monja que me enseñó la doctrina y hasta a hablar, ¿y yo había de ser excomulgada por tapadera de un hereje?, ¿yo traidora y enemiga de Fernando VII? Aunque fuera mi padre lo entregara, ¿pues por qué no a este perro que ya tiene hecho el hoyo en que me quiere enterrar, y si me descuido me degüella y me entierra esta noche?
Gobernador y dos indios	Güenas noches te da Dios, señora; ya lo visar al señor tiñente y estar todo el hijos del pueblo escondido cerquita, con so lanzas y so lunas de bravísimo.
Pancha	Quedito, quedito... Amárrenlo bien y boca abajo; pero encima del banco.
Chepe	Hola, ¿qué es esto, perros? Ora lo verán.
Gobernador	Callalosté, so cico del jodío, que ya lo entregó nuestro magre Santísimo del Remedios, y ora pagosté todito el picardías.

Chepe — Panchita, Panchita, dame los trabucos, ¿cómo te dormiste?

Pancha — Ríete de todo eso, bobón; mentiras, mentiras, ¿no decías así? Tatita, me tumbó el sueño; pues, como soy tan dormida y ya no hay remedio, esta noche me abres la jorobeca, de un machetazo despachas a la indina mulatona, la degüellas, la entierras en aquel hoyo que hizo tu hermano en el magueyal esta tarde, y mañana eres general, te casas con una condesa y cenas perdices en México, ¿no es verdad, tatita? Muchachos, afiáncenlo bien porque tiene muchas fuerzas.

Chepe — ¿Pos qué, te lo dijo mi hermano? ¿Pos qué tú me has entregado?.

Pancha — ¿Yo entregarte?, ¡qué capaz!, ¡ni cuándo había yo de tener esos alcances! Tú sí, querías que me dejara matar así no más, sin conocer a tu condesa; que me tragara la excomunión y fuera traidora; y yo tan buena que en vez de sentir algo, te quiero bordar siquiera unos calzones de general para que los luzcas y te acuerdes de la pobre Pancha. Pero no pienses que te entregué; no más dije que veniste porque el señor teniente me dijo que había de hacerte una visita de orden del señor virrey. Será la enhorabuena que Su Excelencia te enviará por tu coronelato, pues todos dicen que es tan político y urbano, y que hace justicia a todos. No tenga su sía cuidado. Vamos, muchachos, mientras viene el teniente lo festejaremos, ya que después de tantos años y de tantos golpes que me ha dado llegó mi día: bájenle los calzones para bordarle los nuevos; pero sin lastimarlo, con tiento, y con mucho respeto, porque mañana ha de amanecer general y pontificio. Yo lo más que puedo es darte una muestrecita de cariño, haciéndote ahora cardenalicio.

Chepe ¡Ah, jorobada de todos los diablos! Ellos me lleven si mi general no te pusiere como mereces; yo le avisaré pos mañana coge a México y me soltará; anda, traicionera, tú y mi hermano la pagarán horcados.

Pancha Pues... ya... ¿no te digo?... mañana, ¿no?... ¿De veras lo coge tu general y te suelta?... Ya lo voy creyendo, ¡pobrecita de mí, cual me pondrán los dos juntitos! ¿Y no quieres que yo te adelante un piquito? Jorobada de todos los diablos, ¿no dices? Atontado, jorobadora de este diablo Michiljuiyas habías de decir, y si no, ¿cuánto va a que lo dices ahora? La primera vez que te joroba mi manita linda.

Chepe ¿Tu manita linda, jarocha tosca?

Pancha Ahora bien puedes decir cuanto quisieres, pues en buenas manos está el pandero. Toma, Juan, estas riendas de la mula que están nuevecitas, y tú, Nicolás, la cuarta; uno de cada lado para ver quién lo hace mejor, y al que gane le doy un peso de gala, hagamos los honores al señor coronel, toquémosle la generala para que nos diga a qué sabe lo que ha robado. Yo daré mis pinceladas con el cabestro, así como quien no quiere la cosa: zas, muchachos, quien tal hizo que tal pague, seguidito, seguidito.

Chepe ¡Ah demonios! Pero no, por Dios, por la Virgen, hermanitos, ya no puedo; miren, les doy cincuenta pesos ora lueguito; a cada uno le doy cincuenta pesos, como me dejen.

Gobernador Callalosté, so cico del hereje; güeno, ora Dios, ora Virge Santísimo, y acaba de decir que Dios mentira, que Virge mentira; rajanlostedes juerte, juerte, hasta que le chorrea la sangre por jodío.

Pancha ¿Quieres que te cante, mi alma? Sí, sí, yo he de darte gusto.

	Pancha sufrió a Chepe el bizco heridas, golpes y palos, y cuando él iba a matarla, ella vengó sus agravios.
Chepe	Panchita, mi alma, por los güesos de tu nanita la monja, ¡ay!, ¡ay!
Pancha	Sí, mi vida; ahí, muchacho, ahí le cuadra, apretémosle ahí; no quieres el bien, pues págala, perro; yo digo lo que su sía le decía a esta perraza. Vaya otra coplita, cielito, coronelito lindo, soy capaz de cantar toda la noche por festejarte; vale que por eso no te deja de llover seguidito, seguidito; ¡tal miedo me han dado tus amenazas!, que si no, ¡cómo te fuera!
	Aunque Pancha es jorobeca, es católica cristiana, y en un rato ha de hacer más que Hidalgo, Allende y Aldama.
	¿Te cuadra, tatita? Sí, sí, ya veo que te lambes los labios de la dulzura con que canto, pues oye.
	Pancha la Jorobadita a su Chepe da un refresco por si acaso lo tostaren mañana en el quemadero.

Chepe — Reniego de tus coplas.

Pancha — ¿Qué?, ¿que soy tardona? Sí, tatita, pero buena paga.

No hay capillita que no
le llegue su fiestecita.

Pero ésas son vejeces; vaya otra nueva.

Pobre de ti, Chepe bizco,
harta lástima te tengo,
tú me ibas a degollar;
yo te doy miel con buñuelos.

Chepe — ¡Ya está, por la preciosa sangre, por mi Señora de Guadalupe; ya reviento!

Pancha — Bueno, si todavía no empezamos; sobre que apenas va el ensaye; y yo que te creyera, ¿no decías que tu general te desengañó, que no hay Dios, ni María Santísima ni preciosa sangre? Pues si no hay gloria, ¿dónde está Nuestra Señora de Guadalupe? ¿Y el valor de un hombre? No hay que parar, muchachos, saquemos tinta para escribir las fazañas del señor coronel; entremos en la primera jornada que será no más de veinte y cinco, no más.

Chepe — Votogua todos los diablos; te prometo, indina...

Gobernador — ¿Lo callosté, so jeta del mulato? Pero aquí estar otro riendas de güenísimo. Ayudaré y los cuatro desollar so pelleja; llevalosté so sepan cuántos.

Chepe — Te prometo, mi alma, que me jorquen si volviere con Hidalgo y Allende; por bruto me metí con ellos, la culpa tienen los que no me enseñaron la doctrina cristiana, pero no soy hereje, ¡que me matan! Ya me muero; ya no puedo...

Pancha — Nosotros sí podemos auxiliarte, ríete de todo eso. ¿Un general se había de ahogar en tan poquito? ¿Qué dirían de tu valor? Sí; y yo que te dejara quedar mal; toma el cabestro, Tomás, y dame las riendas para el facedor de tuertos; zas que te pegan; pero que descanse; pareces colegio de cardenales sobre chicharrón esponjado, y eso es más que general; quitémosle el uniforme sin desatarlo; lo rasgamos con su machete para refrescar el espinazo; ¡eh!, ¡dicho y hecho! ¡Qué lomazos! Zas, pero no más veinte y cinco, seguidito, seguidito.

Chepe — ¿Cómo?, si ya van munchísimos más.

Pancha ¿Pues cuántos van?

Chepe No los he contado, pero munchisísimos.

Pancha ¡Oh!, pues si yerras la cuenta, ¿quién tiene la culpa? Y luego dirás que no están cabales y querrás que no me canse, cuenta errada no vale; yo los contaré: uno...

Chepe ¿Cómo, si son cuatro a un tiempo, y van más de mil?

Pancha Dices bien; cuatro, ocho, porque como digo cuatro y cuatro son ocho, y una, dos, tres veces cuatro son siete, como cuatro y cuatro son ocho y uno cinco.

Chepe ¿Cómo cuentas, malvada?

Pancha Si para contar bien me pinto sola. Ve, susía, se erró por sus habladas; uno de cuatro a un tiempo vale cuatro y cuatro, y estos otros cuatro son ocho; y cuatro de a cuatro y otros cuatro de a cuatro son tres, jorobada, mulatona, loba, perra, y cuatro son ocho; pues, ocho, ocho, éste es ocho, y van ocho, y uno cinco.

Chepe Ya rabio, ya me muero.

Pancha Y como que te quiero, que si no fuera eso, y lo breve que de soldado sube uno a

	general, y lo que puede aguantar el valor de un hombre; tus chuladas me hacen reír y perder la cuenta, ¿cuántos van?
Chepe	¡Ah, maldita!...
Pancha	¿También la erraste? Pues, una, digo cuatro y cuatro, y cuatro son los primeros cuatro.
Teniente	¡Qué es esto! ¿Qué hacen con ese hombre?
Pancha	Es un refresquito; frioleritas, le quería yo dar veinte y cinco no más, y apenas van cuatro.
Teniente	¿Cómo cuatro y lo han despellejado?, mujer, ¿no sabes que solo la justicia puede castigar a los reos?
Pancha	Sí, pero un festejito no es castigo, y ya sabe usted que me hubiera degollado esta noche, si usted oyera las herejías que dijo, lo hubiera frito. Con su licencia, ajustaremos no más los veinte y cinco: cuatro...
Teniente	Desátenlo, y déjate de tonteras. ¿Cómo irá este hombre a caballo hasta México?
Gobernador	No te apuras, siñor, lo cargarás topile, venga el grillos.

Teniente	Arrima mi caballo. ¡Qué insensatos! ¡Cómo se han dejado engañar de esos napoleones! Experimentarán el justo castigo de Dios, que no sufre que ultrajen a su Santísima Madre Virgen, y así los va entregando a la justicia.
Chepe	Es verdá, señor, soy un bestia; pero pido justicia contra mi mujer. ¿Quién le dijo que había de azotar a su marido?, que vaya conmigo para que lo pague.
Pancha	Deja; me enviarás tu coche porque una coronela, ya ves...
Teniente	Dejemos de bromas, que urge que ahorquen a los que lo merezcan para escarmiento de otros.
Pancha	Adiós, tatita, ya no volveré a verte porque no tengo corazón para ver las fazañas de tu Hidalgo... Adiós.
Teniente	¡Qué justamente serían premiadas, y cuán dignas se harían del aprecio del mundo entero las mujeres de los insurgentes que imitaran a Pancha, no en la crueldad de la venganza, ¡sino en usar de sus mañitas para entregarlos en manos de la justicia! Ellos son reos de lesa majestad, divina y humana, y así es meritorio, lícito y

honroso que las mujeres entreguen a sus maridos, los hermanos a los hermanos, etc. Es también una obligación de conciencia, puesto que públicamente han sido ellos amonestados por el Tribunal Santo de la Fe, por el superior gobierno, por los ilustrísimos prelados, y por otros varios conductos; y con todo, desprecian la benignidad y todo lo desprecian; estrecha para ello finalmente la excomunión conforme a la práctica de los concilios de la Iglesia, publicada contra los que no les delataren; marchemos.

Libros a la carta

A la carta es un servicio especializado para
empresas,
librerías,
bibliotecas,
editoriales
y centros de enseñanza;

y permite confeccionar libros que, por su formato y concepción, sirven a los propósitos más específicos de estas instituciones.

Las empresas nos encargan ediciones personalizadas para marketing editorial o para regalos institucionales. Y los interesados solicitan, a título personal, ediciones antiguas, o no disponibles en el mercado; y las acompañan con notas y comentarios críticos.

Las ediciones tienen como apoyo un libro de estilo con todo tipo de referencias sobre los criterios de tratamiento tipográfico aplicados a nuestros libros que puede ser consultado en Linkgua-ediciones.com.

Linkgua edita por encargo diferentes versiones de una misma obra con distintos tratamientos ortotipográficos (actualizaciones de carácter divulgativo de un clásico, o versiones estrictamente fieles a la edición original de referencia).

Este servicio de ediciones a la carta le permitirá, si usted se dedica a la enseñanza, tener una forma de hacer pública su interpretación de un texto y, sobre una versión digitalizada «base», usted podrá introducir interpretaciones del texto fuente. Es un tópico que los profesores denuncien en clase los desmanes de una edición, o vayan comentando errores de interpretación de un texto y esta es una solución útil a esa necesidad del mundo académico.

Asimismo publicamos de manera sistemática, en un mismo catálogo, tesis doctorales y actas de congresos académicos, que son distribuidas a través de nuestra Web.

El servicio de «libros a la carta» funciona de dos formas.

1. Tenemos un fondo de libros digitalizados que usted puede personalizar en tiradas de al menos cinco ejemplares. Estas personalizaciones pueden ser de todo tipo: añadir notas de clase para uso de un grupo de estudiantes, introducir logos corporativos para uso con fines de marketing empresarial, etc. etc.

2. Buscamos libros descatalogados de otras editoriales y los reeditamos en tiradas cortas a petición de un cliente.

LK

Printed in Poland
by Amazon Fulfillment
Poland Sp. z o.o., Wrocław

69735794R00021